ALIA BO

Kylian
Mbappé

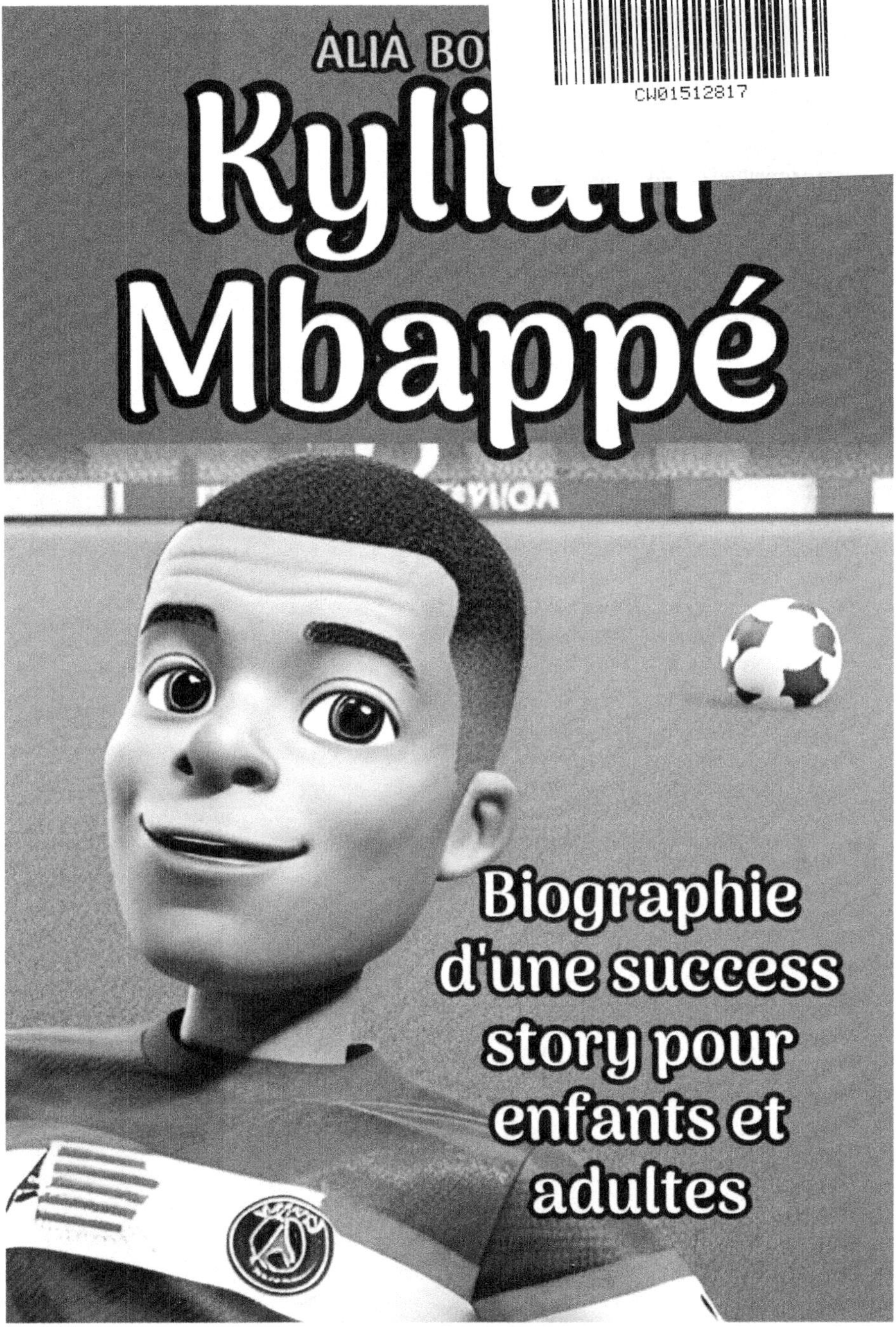

**Biographie
d'une success
story pour
enfants et
adultes**

Kylian Mbappé

Biographie d'une success story pour enfants et adultes

auteur : Alia Bouta

ALIAREDA © 2023

Achevé d'imprimer en 2023

Résumé

Ce livre biographique d'une success story raconte la trajectoire d'un joueur d'exception, à savoir Kylian Mbappé depuis son enfance jusqu'au jour de la parution de ce livre.

Bien que Mbappe ait remporté un grand succès dans sa carrière jusqu'à présent, divers facteurs peuvent conduire à l'échec, notamment les blessures, la complaisance, les problèmes personnels, le manque de soutien et la malchance. Il a commencé sa carrière de jeune à l'AS Bondy, puis a rejoint l'AS Monaco à l'âge de 14 ans. En 2016, il a fait ses débuts professionnels pour Monaco à l'âge de 16 ans.

Au cours de la saison 2016-2017, Mbappe a aidé Monaco à remporter le titre de Ligue 1 et a atteint les demi-finales de l'UEFA Champions League. Il a ensuite été transféré au Paris Saint-Germain (PSG) en 2017 pour une indemnité de transfert record, faisant de lui l'adolescent le plus cher de l'histoire du football à l'époque.

Le succès de Mbappe s'est poursuivi au PSG, remportant de nombreux trophées nationaux et aidant l'équipe à atteindre la finale de l'UEFA Champions League en 2020. Il a également marqué de nombreux buts et battu des records, notamment en devenant le plus jeune joueur à marquer lors d'une finale de Coupe du monde en 2018. .

Ali Bouta

1. Kylian Mbappe est considéré comme l'un des footballeurs les plus titrés de sa génération et a obtenu de nombreuses distinctions au cours de sa jeune carrière. Kylian Mbappe a connu un énorme succès dans sa carrière de footballeur à un jeune âge. Voici quelques facteurs clés qui ont pu contribuer à son succès :

   a. **Talent :** Mbappe est considéré comme l'un des footballeurs les plus talentueux au monde. Il a un rythme exceptionnel, des capacités techniques et un instinct naturel pour marquer des buts.

   b. **Travail acharné et dévouement :** Malgré son talent naturel, Mbappe a travaillé dur pour perfectionner ses compétences et améliorer son jeu. Il est connu pour son éthique de travail et son dévouement à l'entraînement, ce qui l'a aidé à réussir sur le terrain.

c. **Mentors et entraîneurs:** Mbappe a eu l'avantage d'apprendre de certains des meilleurs entraîneurs du monde, tels qu'Arsène Wenger et Thomas Tuchel. Il a également bénéficié du soutien et des conseils de coéquipiers expérimentés, tels que Neymar et Cristiano Ronaldo.

d. **Résilience mentale :** Mbappe a fait preuve d'une grande ténacité mentale et d'une grande résilience face à la pression et à l'adversité. Il est resté concentré et déterminé, même face aux revers ou aux critiques.

e. **Système de soutien :** Mbappe a eu un solide système de soutien tout au long de sa carrière, y compris sa famille, ses amis et ses fans. Il a également été soutenu par son club, le Paris Saint-Germain, qui lui a fourni les ressources et les opportunités pour réussir.

La combinaison de talent naturel, de travail acharné, de mentors et d'entraîneurs dévoués, de résilience mentale et d'un système de soutien solide de Mbappe a tous contribué à son succès.

2. Alors que Kylian Mbappe a connu un énorme succès dans sa carrière de footballeur, il n'est pas à l'abri de l'échec. Voici quelques facteurs clés qui peuvent conduire

à l'échec de Mbappe :

a. **Blessures :** le football est un sport physiquement exigeant et les blessures peuvent avoir un impact significatif sur les performances d'un joueur. Si Mbappe devait subir une blessure grave ou des blessures récurrentes, cela pourrait entraver sa capacité à jouer à un niveau élevé.

b. **Complaisance :** Si Mbappe devenait complaisant ou trop confiant dans ses capacités, il pourrait ne pas travailler aussi dur pour améliorer son jeu. Cela pourrait entraîner une baisse de ses performances et, finalement, un échec.

c. **Problèmes personnels :** Mbappe est encore jeune et peut être confronté à des problèmes personnels, tels que des problèmes relationnels, des problèmes familiaux ou des crises personnelles qui peuvent affecter son état mental et se concentrer sur le football.

d. **Manque de soutien :** Mbappe a bénéficié d'un solide système de soutien tout au long de sa carrière, mais si cela devait changer ou s'il ne se sentait pas soutenu par son équipe et ses entraîneurs, cela pourrait affecter son moral et ses performances.

e. **Pas de chance :** le football est un jeu de hasard, et parfois, les choses ne se passent pas comme prévu.

Mbappe peut rencontrer des facteurs indépendants de sa volonté, tels que des décisions controversées des arbitres ou des blessures à des coéquipiers clés, entraînant un échec.

3. Bien que Mbappe ait remporté un grand succès dans sa carrière jusqu'à présent, divers facteurs peuvent conduire à l'échec, notamment les blessures, la complaisance, les problèmes personnels, le manque de soutien et la malchance.

4. Il a commencé sa carrière de jeune à l'AS Bondy, puis a rejoint l'AS Monaco à l'âge de 14 ans. En 2016, il a fait ses débuts professionnels pour Monaco à l'âge de 16 ans.

5. Au cours de la saison 2016-2017, Mbappe a aidé Monaco à remporter le titre de Ligue 1 et a atteint les demi-finales de l'UEFA Champions League. Il a ensuite été transféré au Paris Saint-Germain (PSG) en 2017 pour une indemnité de transfert record, faisant de lui l'adolescent le plus cher de l'histoire du football à l'époque.

6. Le succès de Mbappe s'est poursuivi au PSG, remportant de nombreux trophées nationaux et aidant l'équipe à atteindre la finale de l'UEFA Champions League en 2020. Il a également marqué de nombreux buts et battu des records, notamment en devenant le plus jeune joueur à marquer lors d'une finale de Coupe du monde en 2018. .

7. En plus de son succès sur le terrain, Mbappe est

également ambassadeur de l'UNICEF et a utilisé sa plateforme pour défendre des causes sociales. Il a été reconnu pour ses réalisations sur et en dehors du terrain, notamment en recevant le prix du joueur de l'année de Ligue 1 et le premier trophée Kopa, qui est décerné au meilleur joueur de moins de 21 ans au monde.

8. Il est né le 20 décembre 1998 à Bondy en France. Très jeune, Mbappé fait preuve d'un talent exceptionnel pour le football et se fait rapidement remarquer par les dépisteurs.

9. Kylian Mbappe a eu une enfance modeste, grandissant à

Bondy, en banlieue parisienne, en France. Il est né le 20 décembre 1998 d'une mère ancienne handballeuse et d'un père entraîneur de football.

10. Mbappe a commencé à jouer au football à un jeune âge et a rejoint un club local nommé AS Bondy. Il a rapidement montré ses qualités exceptionnelles sur le terrain et s'est fait remarquer par des dépisteurs de clubs professionnels. En 2013, il a été recruté par la célèbre académie de football de Clairefontaine, où il a affiné ses compétences sous la houlette d'entraîneurs expérimentés.

11. Malgré son talent, Mbappe a rencontré plusieurs obstacles sur son chemin vers le football professionnel. On lui a diagnostiqué un grave déficit en hormone de

croissance lorsqu'il était enfant, ce qui a nécessité un traitement médical coûteux. Cependant, ses parents étaient déterminés à soutenir son rêve de devenir footballeur et ils ont réussi à réunir les fonds nécessaires à son traitement.

12. Les expériences d'enfance de Mbappe ont façonné sa vision de la vie et il a souvent parlé de l'importance du dévouement et du travail acharné pour atteindre ses objectifs. Il a également été un ardent défenseur des questions de justice sociale, y compris le racisme et la pauvreté, et a utilisé sa plateforme en tant que star du football pour sensibiliser à ces problèmes.

13. Kylian Mbappe est largement considéré comme l'un des

meilleurs joueurs de football au monde en raison de sa vitesse exceptionnelle, de sa technique et de sa capacité à marquer des buts. Il est connu pour son rythme explosif et son agilité, ce qui lui permet de dribbler facilement les défenseurs et de créer des opportunités de marquer pour lui et ses coéquipiers.

14. Le style de jeu de Mbappe se caractérise par la créativité, la précision et la polyvalence. Il est tout aussi à l'aise de jouer dans une position d'attaque centrale ou large et descend souvent en profondeur pour recevoir le ballon et lancer des attaques. Son excellente vision et sa capacité de passe font de lui un meneur de jeu efficace, tandis que ses instincts aiguisés et ses compétences de finition cliniques

font de lui un attaquant mortel.

15. Le jeu de Mbappe est également fortement influencé par son intelligence tactique et ses attributs physiques. Il a la capacité de bien lire le jeu, d'anticiper les mouvements des défenseurs adverses et d'exploiter les lacunes et les espaces avec sa vitesse et ses réactions rapides.

16. Le style de jeu de Mbappe est dynamique, excitant et divertissant, ce qui en fait l'un des joueurs les plus recherchés du football mondial. Kylian Mbappe est issu d'une famille très unie et a souvent parlé de l'importance de sa famille dans sa vie et sa carrière. Sa mère, Fayza Lamari, est d'origine algérienne et son père, Wilfried Mbappe, est originaire du Cameroun.

17. Les parents de Mbappe étaient tous deux des athlètes

dans leur jeunesse, sa mère jouant au handball et son père jouant au so ccer. Ils ont eu une forte influence sur le développement de Mbappe en tant que joueur de football, le soutenant et l'encourageant dès son plus jeune âge.

18. Mbappe a également deux jeunes frères, Ethan et Jires Kembo, qui sont également joueurs de football. Ethan joue actuellement pour l'équipe de l'Académie du PSG et Jires joue pour un club en Belgique.

19. Malgré son succès sur le terrain, Mbappe est connu pour son humilité et on le voit souvent passer du temps avec sa famille lorsqu'il ne joue pas ou ne s'entraîne pas. Il a également utilisé sa plate-forme pour sensibiliser le

public à d'importants problèmes sociaux, notamment le sort des réfugiés, et a remercié sa famille de lui avoir inculqué le sens de la responsabilité d'utiliser son succès pour avoir un impact positif sur le monde.

20. En 2015, Mbappé a signé son premier contrat professionnel avec l'AS Monaco, faisant ses débuts en équipe première en décembre de la même année. Il s'est rapidement imposé comme l'un des jeunes talents les plus prometteurs d'Europe, aidant son équipe à remporter le titre de Ligue 1 française lors de la saison 2016-17.

21. En août 2017, Mbappé a rejoint le Paris Saint-Germain en prêt, le club ayant une option pour l'acheter

définitivement à la fin de la saison. Il a connu une première campagne impressionnante avec le PSG, marquant 21 buts et aidant le club à remporter le triplé national. Le PSG a exercé son option de signer définitivement Mbappé en juillet 2018 pour un montant de 145 millions d'euros, faisant de lui le deuxième joueur le plus cher de l'histoire à l'époque, derrière son coéquipier Neymar.

22. Mbappé a également remporté un succès significatif avec l'équipe de France, aidant la France à remporter la Coupe du monde de football 2018. Il a été nommé meilleur jeune joueur du tournoi et a marqué quatre buts au total, dont un lors de la finale contre la Croatie.

23. Mbappé est connu pour sa vitesse incroyable, sa capacité de dribble et ses prouesses finales. Il a été comparé à son idole, la légende brésilienne Ronaldo, et est largement considéré comme l'un des plus grands jeunes talents du football mondial.

24. Kylian Mbappé est né le 20 décembre 1998 à Bondy , une banlieue ouvrière de la banlieue est de Paris, en France. Il était le plus jeune de quatre frères et sœurs et ses parents avaient tous deux des liens avec le sport. Son père, Wilfried Mbappé, est entraîneur de football et sa mère, Fayza Lamari, est une ancienne handballeuse professionnelle.

25. Mbappé a montré un intérêt précoce pour le football et son talent était évident dès son plus jeune âge. Il a été inspiré par son père, qui était entraîneur du club de football local AS Bondy. Wilfried a enseigné à Mbappé les bases du jeu et il est rapidement devenu un joueur doué.

26. Enfant, Mbappé était un grand fan de Cristiano Ronaldo, et il a pratiqué régulièrement les compétences et les techniques du joueur portugais. Il admirait également la légende brésilienne R onaldo et s'est inspiré de son rythme électrisant et de son explosivité sur le ballon.

27. Malgré son talent indéniable, Mbappé a dû relever des défis en grandissant dans un quartier difficile où la violence et la criminalité étaient courantes. Il attribue à sa famille et à sa passion pour le football le maintien de sa concentration et de sa motivation. Aujourd'hui, Mbappé est reconnu comme l'un des meilleurs joueurs de football au monde et continue de se faire un nom sur la scène mondiale.

28. Le père de Mbappé, Wilfried Mbappé, a eu une influence

significative sur la carrière de footballeur de son fils.

Wilfried était entraîneur des jeunes à l'AS Bondy, le club

local où Mbappé a commencé son parcours

footballistique. Wilfried a vu le potentiel de son fils dès

son plus jeune âge et a travaillé dur pour développer ses

compétences.

29. Alors que le talent de Mbappé devenait plus apparent,

Wilfried est devenu son agent et a aidé à guider la

carrière de son fils. Il a négocié les contrats de Mbappé

avec l'AS Monaco et le Paris Saint-Germain et a joué un

rôle essentiel dans la formation de l'image et de la

marque de son fils en tant que joueur de football de haut

niveau.

30. Cependant, l'implication de Wilfried dans la carrière de son fils n'a pas été sans controverse. En 2017, il a été accusé d'exigences exorbitantes lors des négociations contractuelles avec l'AS Monaco, qui ont failli faire dérailler le transfert de Mbappé au Paris Saint-Germain. Les accusations ont conduit à critiquer Wil Fried et ont tendu ses relations avec l'AS Monaco.

31. Malgré ces défis, Mbappé et son père sont restés proches et Wilfried continue de soutenir la carrière de son fils. Aujourd'hui, Mbappé est l'un des joueurs de football les plus commercialisables au monde, et son père a joué un rôle important dans la formation de son succès sur et en

dehors du terrain.

32. La mère de Kylian Mbappe, Fayza Lamari, a été une figure de soutien et impliquée dans sa vie et sa carrière. On ne sait pas grand-chose sur les antécédents de Fayza, car elle a surtout gardé un profil bas et s'est concentrée sur l'éducation de sa famille.

33. Dans des interviews, Mbappe a parlé des sacrifices que sa mère a faits pour soutenir sa carrière de footballeur. Fayza conduisait souvent Mbappe à l'entraînement et aux matchs au début, lorsqu'il jouait pour l'AS Bondy. Elle a également soutenu sa décision de déménager à Clairefontaine, l'académie nationale de football de France, et l'a encouragé à poursuivre ses rêves.

34. Au fur et à mesure que les compétences et la renommée de Mbappe ont grandi, Fayza a continué à s'intéresser activement à la carrière de son fils. On la voit souvent dans les tribunes lors de ses matchs, l'encourageant et lui offrant son soutien. En 2018, elle s'est même rendue en Russie pour le voir jouer la finale de la Coupe du monde,

où il a aidé à mener l'équipe de France à la victoire.

35. Malgré le succès et la renommée de son fils, Fayza est restée ancrée et concentrée sur sa famille. Mbappe a parlé de l'importance qu'elle accorde au fait de garder sa famille proche et de rester connectée à ses racines algériennes.

36. Fayza Lamari a joué un rôle essentiel dans la vie de Mbappe, lui apportant l'amour, le soutien et les conseils dont il avait besoin pour devenir l'un des meilleurs joueurs de football au monde.

37. Kylian Mbappe a un jeune frère nommé Ethan Mbappe, né en 2007. On ne sait pas grand-chose d'Ethan, car la

famille Mbappe garde sa vie privée à l'abri des regards du public.

38. Cependant, dans des interviews, Kylian a parlé de sa relation étroite avec son frère. Il a mentionné qu'ils jouaient souvent à des jeux vidéo ensemble et qu'Ethan était un grand fan de sa carrière de footballeur.

39. Mbappe a également noté qu'il essaie d'être un bon modèle pour son frère et qu'il veut l'inspirer à poursuivre ses rêves. Il a parlé de l'importance de la famille et de la façon dont sa relation avec Ethan le maintient motivé.

40. Bien que l'on ne sache pas grand-chose sur leur relation, il est clair que Mbappe aime et apprécie son frère et veut

avoir une influence positive dans sa vie.

41. Kylian Mbappé fait partie intégrante de l'équipe de France. Il a fait ses débuts avec les Bleus en mars 2017, à l'âge de 18 ans, et est depuis devenu un joueur incontournable.

42. Mbappe a fait partie de l'équipe de France qui a remporté la Coupe du Monde de la FIFA 2018 en Russie. Il a été l'un des meilleurs joueurs du tournoi, inscrivant quatre buts, dont un en finale contre la Croatie. Il a également été nommé meilleur jeune joueur du tournoi.

43. Mbappe n'a cessé de briller pour l'équipe de France depuis lors. Il a marqué 17 buts en 44 apparitions pour son pays, en mai 2021. Il est largement considéré comme l'un des meilleurs jeunes joueurs du monde et devrait

être un élément crucial de l'équipe de France pour les années à venir .

44. La combinaison de compétences, de vitesse et de capacité de but de Mbappe fait de lui un cauchemar pour les défenseurs adverses. Ses performances pour le club et le pays ont cimenté son statut de l'un des jeunes joueurs les plus excitants du jeu aujourd'hui.

45. Kylian Mbappe et Lionel Messi sont tous deux des footballeurs de classe mondiale, mais jouent à des postes différents et ont des styles de jeu différents.

46. Mbappe est un attaquant connu pour son rythme, ses capacités techniques et sa finition clinique. Il joue souvent

en tant qu'ailier ou attaquant et est connu pour sa capacité à battre les défenseurs grâce à sa vitesse et ses talents de dribbleur.

47. D'autre part, Messi joue en tant que milieu de terrain offensif ou attaquant et est réputé pour sa vision, ses passes et sa capacité à créer des opportunités de but pour son équipe. Il a également des compétences de dribble remarquables, bien que son style de jeu soit plus axé sur la précision et la finesse que sur la vitesse.

48. Cependant, il existe des similitudes entre les deux joueurs. Les deux sont incroyablement talentueux, ont remporté de nombreux prix individuels et sont capables de changer le résultat d'un jeu à eux seuls. Tous deux ont

également un fort désir de gagner et sont connus pour leur professionnalisme et leur dévouement au sport.

49. S'ils devaient jouer ensemble dans la même équipe, ce serait un rêve devenu réalité pour de nombreux fans de football. Leur talent et leur créativité combinés constitueraient une formidable force d'attaque difficile à contenir pour toute opposition.

50. Kylian Mbappe et Neymar sont deux des meilleurs footballeurs du monde, et ils jouent tous les deux pour le Paris Saint-Germain (PSG).

51. Mbappe est un attaquant qui joue principalement sur l'aile droite ou en tant qu'attaquant central. Il est souvent

reconnu pour sa vitesse, ses compétences et sa capacité à

marquer des buts remarquables. Mbappe est un buteur

prolifique et est connu pour affronter des défenseurs,

scrutant le terrain à la recherche d'opportunités de

marquer ou de préparer ses coéquipiers.

52. D'autre part, Neymar est un joueur offensif connu pour ses talents de dribble uniques et sa capacité à créer des opportunités de but. Il peut jouer dans une variété de postes, y compris l'ailier gauche, le milieu de terrain offensif ou l'attaquant. Neymar est également capable de marquer des buts, mais il joue souvent un rôle plus créatif, fournissant des passes décisives et créant des occasions pour ses coéquipiers.

53. Bien qu'ils jouent à des postes différents, Mbappe et Neymar se complètent bien sur le terrain. Ils ont développé une excellente entente et ont construit un partenariat solide qui a donné de nombreux buts et trophées au PSG. Ils combinent souvent leurs incroyables

compétences pour créer des opportunités de marquer pour leur équipe, et leur jeu offensif fluide est une joie à regarder.

54. Si Mbappe et Neymar sont en bonne forme, ils sont probablement l'un des duos d'attaquants les plus dangereux du football mondial aujourd'hui.

55. Kylian Mbappe et Lionel Messi sont tous deux des footballeurs de classe mondiale, mais ils n'ont jamais joué dans la même équipe. Mbappe joue actuellement pour le Paris Saint-Germain (PSG) en Ligue 1, tandis que Messi a passé la majeure partie de sa carrière professionnelle à Barcelone avant de rejoindre le PSG pour la saison 2021-2022. Les deux joueurs sont connus pour leurs

compétences exceptionnelles et leurs capacités à marquer des buts. Mbappe est reconnu pour sa vitesse fulgurante, tandis que Messi est connu pour ses incroyables compétences techniques et sa capacité de dribble. Ils sont tous les deux des buteurs prolifiques et leur jeu offensif est une joie à regarder.

56. Si Mbappe et Messi devaient jouer dans la même équipe, il est probable qu'ils se compléteraient bien. Les deux joueurs possèdent un QI de football élevé et ont un sens aigu pour créer des occasions et marquer des buts. Ils ont le potentiel de former un duo dynamique qui serait difficile à gérer pour n'importe quelle défense.

57. Cependant, en raison de facteurs tels que les salaires et

les règles de transfert d'équipe, on ne sait toujours pas si Mbappe et Messi partageront un jour un terrain en tant que coéquipiers. Néanmoins, les fans de football du monde entier gardent espoir d'avoir un jour l'opportunité de voir les deux grands joueurs dans la même équipe.

58. Kylian Mbappe et Achraf Hakimi jouent actuellement pour la même équipe, le Paris Saint-Germain (PSG). Hakimi a rejoint le PSG en provenance de l'Inter Milan à l'été 2021, et il est rapidement devenu partie intégrante de la défense de l'équipe.

59. Mbappe et Hakimi ont une bonne chimie sur le terrain et se sont déjà combinés pour créer de multiples opportunités de but pour le PSG. Le rythme exceptionnel

de Hakimi et ses capacités de dribble ont complimenté les

prouesses offensives de Mbappe, ce qui a entraîné une

opération offensive plus meurtrière pour le PSG.

60. Le partenariat du duo a été un énorme coup de pouce pour le PSG, car ils ont remporté d'importantes victoires en championnat de France, en Ligue des champions et dans d'autres compétitions. En tant que tel, on s'attend à ce qu'ils soient des acteurs clés pour le PSG alors qu'ils continuent à poursuivre leurs objectifs nationaux et européens.

61. Le partenariat de Mbappe et Hakimi a suscité l'enthousiasme des fans du PSG et a déjà aidé l'équipe à réussir en début de saison.

62. Kylian Mbappe est l'un des meilleurs prétendants au Ballon d'Or, un prix décerné chaque année au meilleur footballeur masculin du monde. Mbappe a été

impressionnant ces dernières saisons et ses performances ont fait de lui l'un des joueurs de football dont on parle le plus au monde.

63. Mbappe a déjà remporté plusieurs trophées avec le Paris Saint-Germain et a joué un rôle central pour la France lors de sa victoire en Coupe du Monde de la FIFA 2018. Il a été l'un des buteurs les plus prolifiques d'Europe, et son rythme, ses dribbles et ses capacités de finition ont été une terreur pour les défenses adverses.

64. Bien qu'il n'ait que 22 ans, Mbappe a déjà été nominé plusieurs fois pour le Ballon d'Or et a terminé deux fois dans le top 10. Il est un favori des fans et a déjà été salué comme le successeur de Lionel Messi et Cristiano

Ronaldo, les deux joueurs qui ont dominé les prix Ballon d'Or au cours de la dernière décennie.

65. Les chances de Mbappe de remporter le Ballon d'Or dépendront de ses performances au cours de la saison en cours, et s'il continue à se produire à un niveau élevé, il devrait être un candidat sérieux pour le prix.

66. Kylian Mbappe a déjà remporté plusieurs trophées dans sa jeune carrière. Il a commencé sa carrière à l'AS Monaco, où il a remporté le titre de Ligue 1 lors de la saison 2016-17. Ses performances exceptionnelles au cours de cette saison ont attiré l'attention du Paris Saint-Germain, qui l'a signé pour un montant record du monde en 2017.

67. Depuis qu'il a rejoint le PSG, Mbappe a été un acteur clé dans leur quête de succès nationaux et européens. Il a remporté trois titres consécutifs de Ligue 1 (2018, 2019, 2020) avec le club parisien, ainsi que deux trophées de Coupe de France et deux Coupe de la Ligue.

68. Lors de la campagne de Ligue des champions 2019-2020, Mbappe a joué un rôle essentiel dans la course du PSG à la finale. Bien qu'ils aient finalement échoué contre le Bayern Munich, Mbappe a marqué cinq buts et fourni cinq passes décisives dans le tournoi, dont un doublé crucial contre le Borussia Dortmund en huitièmes de finale.

69. Mbappe a également goûté au succès sur la scène

internationale. Il était un membre clé de l'équipe française qui a remporté la Coupe du Monde de la FIFA 2018, marquant quatre buts dans le tournoi et devenant le plus jeune joueur depuis Pelé à marquer lors d'une finale de Coupe du Monde.

70. A tout juste 22 ans, Mbappe a déjà remporté plusieurs trophées, et son talent laisse présager qu'il continuera d'enrichir sa collection dans les années à venir.

71. Kylian Mbappe a remporté un énorme succès en Ligue 1, la meilleure ligue de football en France. Il débute sa carrière professionnelle à l'AS Monaco en 2015 et s'impose rapidement comme une étoile montante du football français.

72. Au cours de la saison 2016-17, Mbappe a aidé à guider l'AS Monaco vers le titre de Ligue 1, marquant 15 buts au passage. La saison suivante, il rejoint le Paris Saint-Germain en prêt avant de signer un contrat permanent en 2018.

73. Depuis qu'il a rejoint le PSG, Mbappe a fait partie intégrante de leur succès en Ligue 1. Lors de sa première saison avec le club, il a marqué 13 buts en seulement 27 apparitions alors que le PSG a remporté le titre de champion. Au cours des deux saisons suivantes, il a continué d'impressionner, marquant 33 buts en 31 apparitions lors de la saison 2018-19 et 18 buts en 20 apparitions lors de la saison 2019-20 raccourcie par la pandémie.

74. Les performances de Mbappe ont aidé le PSG à s'imposer comme la meilleure équipe du football français, remportant quatre titres de champion consécutifs (dont la saison 2020-21) et dominant les compétitions nationales.

La vitesse, l'habileté et la capacité de marquer des buts de Mbappe ont fait de lui un favori des fans et un joueur crucial pour le club parisien. Ses performances impressionnantes lui ont valu de nombreuses distinctions et récompenses individuelles, dont celle de Joueur de l'année en Ligue 1 lors des saisons 2018-19 et 2019-20.

75. Kylian Mbappe est un joueur clé de l'équipe de France et a fait partie intégrante de leur récent succès. Il a fait ses débuts avec les Bleus en mars 2017 à seulement 18 ans et est depuis devenu l'un de leurs joueurs les plus importants.

76. Mbappe a été un acteur clé de la campagne réussie de la France en Coupe du monde en 2018, marquant quatre

buts dans le tournoi, dont un lors de la finale contre la Croatie, que la France a remportée 4-2. Il a été nommé Meilleur Jeune Joueur de la Coupe du Monde de la FIFA pour ses performances dans le tournoi.

77. Mbappe a également joué un rôle crucial dans le récent succès de la France au Championnat d'Europe de l'UEFA, aidant l'équipe à atteindre la finale du tournoi en 2016 et les huitièmes de finale en 2020.

78. Au total, Mbappe a fait plus de 50 apparitions pour l'équipe de France et a marqué plus de 20 buts, faisant de lui l'un de leurs meilleurs buteurs de tous les temps à seulement 22 ans. Sa vitesse, son habileté et sa capacité de finition, associées à sa capacité à créer des occasions pour

ses coéquipiers, font de lui un joueur indispensable pour

l'équipe de France.

79. Kylian Mbappe est l'un des joueurs de football les mieux payés au monde et sa valeur nette est estimée à environ 200 millions de dollars. Il a gagné beaucoup d'argent grâce à ses talents de footballeur et à ses accords avec de grandes marques telles que Nike, Hublot et EA Sports.

80. En 2017, Mbappe a signé un contrat lucratif avec le Paris Saint-Germain (PSG) d'une valeur de 180 millions d'euros, faisant de lui l'un des joueurs de football les plus chers de l'histoire. Le contrat prévoyait également un salaire de 18 millions d'euros par an, qui a ensuite été porté à 25 millions d'euros par an après la signature d'un nouveau contrat en 2021.

81. Les accords de parrainage de Mbappe avec de grandes

marques telles que Nike et Hublot sont également très précieux. Il gagnerait environ 10 millions de dollars par an rien qu'avec Nike, et il a été présenté dans plusieurs campagnes publicitaires très médiatisées pour la marque.

82. Malgré sa richesse, Mbappe est connu pour redonner à sa communauté. Il a fait don d'importantes sommes d'argent à des associations caritatives et a aidé à financer la construction d'une académie de football dans sa ville natale de Bondy, en France, pour soutenir les jeunes footballeurs de la région.

83. Kylian Mbappe n'a aucun lien direct avec le Cameroun. Bien qu'il ait des racines africaines, son père est né au Cameroun et sa mère est algérienne, Kylian lui-même est

né et a grandi en France. Il représente la France sur la scène internationale et a joué pour l' équipe de France, l'aidant à remporter la Coupe du Monde de la FIFA 2018. Cependant, Mbappe a parlé publiquement de sa fierté de son héritage africain et a montré son soutien au continent , notamment en donnant de l'argent à un organisme de bienfaisance qui fournit des services de santé et d'éducation au Cameroun.

84. Kylian Mbappe a montré un grand amour pour les enfants et a souvent été vu interagir avec eux. Il a même partagé des photos sur les réseaux sociaux de lui tenant des bébés et jouant avec des enfants, montrant son côté plus doux. Mbappe s'est également impliqué dans des

actions caritatives pour les enfants, comme sa collaboration avec l'association Premiers de cordée, qui offre des opportunités sportives aux enfants handicapés ou hospitalisés. Il a également fait don de la totalité de son salaire de la Coupe du monde (environ 500 000 $) à un organisme de bienfaisance qui aide les enfants handicapés à participer à des sports. Ces actions montrent que Mbappe a bon cœur et se consacre à aider les enfants de toutes les manières possibles.

85. Kylian Mbappe n'est pas encore marié et n'a pas de femme. Cependant, il entretient une relation de longue date avec Alicia Aylies, ancienne lauréate de Miss France en 2017. Mbappe et Aylies ont commencé à se fréquenter

en 2018 et ont été vus ensemble à de nombreuses reprises.

Le couple a gardé leur relation relativement privée, mais ils ont été aperçus en train de partager des photos l'un de l'autre sur les réseaux sociaux. Dans un post sur Instagram, Mbappe a décrit Aylies comme "ma reine", exprimant son amour et son admiration pour elle. Bien qu'il y ait eu des rumeurs d'un éventuel engagement , ni Mbappe ni Aylies n'ont confirmé leur intention de se marier de si tôt.

86. Kylian Mbappe est un joueur de football actif et joue actuellement pour le Paris Saint-Germain et l'équipe de France. Il est considéré comme l'un des meilleurs joueurs de football au monde et a remporté de nombreux prix et distinctions, dont la Coupe du Monde de la FIFA en 2018.

En plus de sa carrière de footballeur, Mbappe est également ambassadeur de plusieurs marques, dont Nike, Hublot et Pepsi. Il participe activement à diverses initiatives caritatives et sociales, soutenant des causes telles que l'éducation, la santé et la lutte contre la pauvreté. Mbappe s'est également impliqué dans la promotion des sports pour enfants et encourage les jeunes à réaliser leurs rêves. Pendant son temps libre, il aime écouter de la musique, regarder des films et passer

du temps avec sa famille et ses amis.

87. Kylian Mbappe est connu pour ses compétences

exceptionnelles sur le terrain de football, mais il valorise

également l'éducation et prend ses études au sérieux.

Malgré son emploi du temps chargé en tant que joueur de

football à temps plein, Mbappe a réussi à terminer ses

études secondaires et à obtenir un baccalauréat.

88. Il a fréquenté le prestigieux lycée François-Couperin de

Fontainebleau, en France, où il a étudié le commerce et la

gestion parallèlement à sa carrière naissante de

footballeur. Mbappe a parlé publiquement de

l'importance de l'éducation et de la façon dont cela l'a

aidé à se développer en tant que personne sur et en dehors du terrain.

89. Dans une interview avec CNN, Mbappe a déclaré: "Je pense qu'il est vraiment important d'avoir un équilibre entre l'école et le football. Ce n'est pas toujours facile, mais c'est essentiel si vous voulez réussir dans la vie.

90. Le dévouement de Mbappe au football et à l'éducation est une source d'inspiration pour les jeunes du monde entier, soulignant l'importance de poursuivre sa passion tout en continuant à apprendre et à grandir.

91. Kylian Mbappe est lié à un transfert potentiel au Real Madrid depuis plusieurs années, les rumeurs se

renforçant à mesure que son contrat actuel avec le Paris Saint-Germain (PSG) se rapproche de l'expiration. Le contrat de Mbappe avec le PSG doit expirer en juin 2022, et il y a eu beaucoup de spéculations sur son avenir au-delà de cette date.

92. Le Real Madrid est l'un des clubs qui serait intéressé par la signature de Mbappe, l'entraîneur-chef de l'équipe, Zinedine Zidane, étant un grand admirateur de l'attaquant français. Cependant, le PSG a clairement indiqué qu'il n'avait pas l'intention de laisser partir Mbappe facilement et qu'il exigerait probablement des frais de transfert très élevés s'il devait le vendre.

93. Mbappe a également exprimé sa satisfaction de jouer

pour le PSG et son désir de gagner la Ligue des champions avec le club, ce qui pourrait jouer un rôle crucial dans sa décision de rester ou de partir. De plus, le PSG aurait travaillé dans les coulisses pour faire une offre attrayante à Mbappe afin de le convaincre de rester.

94. En bref, bien que Real Mad rid ait certainement intérêt à signer Mbappe, il reste à voir si un accord se concrétisera ou non, et cela dépendra probablement de divers facteurs, y compris les propres désirs de Mbappe, la volonté du PSG de vendre, et le montant d'argent que le Real Madrid serait tenu de payer pour garantir ses services.

95. Kylian Mbappe est largement considéré comme l'un des meilleurs jeunes footballeurs au monde et a déjà remporté d'importants succès dans sa carrière, tant au niveau individuel qu'en équipe. Il a toujours été un joueur hors pair pour ses équipes de club, dont Monaco et le PSG, ainsi que pour l'équipe de France.

96. Mbappe sur le terrain se caractérise par son excellent rythme, ses dribbles et sa capacité de finition. C'est un buteur mortel qui marque souvent des buts cruciaux dans les grands matchs, ce qui en fait un atout précieux pour n'importe quelle équipe. Il est également connu pour sa capacité à créer des opportunités pour ses coéquipiers grâce à sa vision et ses talents de passeur.

97. Depuis qu'il a rejoint le PSG, Mbappe a aidé l'équipe à remporter de nombreux titres nationaux, dont le titre de Ligue 1, la Coupe de France et la Coupe de la Ligue. Il a également joué un rôle déterminant dans les demi-finales du PSG en UEFA Champions League.

98. Les performances de Mbappe sur le terrain ont été tout

simplement exceptionnelles et on s'attend à ce qu'il continue d'avoir un impact significatif sur le jeu dans les années à venir. Son talent et ses compétences font de lui un atout précieux pour toute équipe pour laquelle il joue, et il est susceptible de continuer à offrir des performances impressionnantes pour les années à venir.

99. Kylian Mbappe est un joueur clé de l'équipe de France et a joué un rôle important dans leur récent succès. Il a fait ses débuts en équipe de France senior en 2017 et fait depuis partie intégrante de l'équipe.

100. Lors de la Coupe du monde de football 2018, Mbappe a aidé la France à remporter le tournoi en marquant quatre buts, dont un en finale contre la Croatie. Il a été

nommé jeune joueur du tournoi et ses performances tout au long du tournoi lui ont valu une reconnaissance mondiale comme l'un des meilleurs jeunes joueurs au monde.

101. Mbappe a également joué un rôle central dans le récent succès de la France dans la Ligue des Nations de l'UEFA, aidant son équipe à atteindre la finale de la compétition en 2021. Avec Mbappe en tête de leur ligne de front, la France est considérée comme l'une des équipes nationales les plus fortes au monde et devrait continuer à concourir au plus haut niveau.

102. Les performances de Mbappe pour l'équipe de France ont été tout simplement exceptionnelles et il est considéré

comme l'un des meilleurs joueurs du monde aujourd'hui.

Son talent et ses compétences impressionnants font de lui

un atout précieux pour n'importe quelle équipe, et ses

contributions à l'équipe de France resteront gravées dans

les mémoires pendant de nombreuses années.

103. Bien que Kylian Mbappe ne soit pas actuellement le

capitaine de l'équipe de France, il est largement considéré

comme un futur leader de l'équipe. À seulement 23 ans,

Mbappe a déjà remporté un énorme succès dans sa

carrière de footballeur et s'est imposé comme l'un des

meilleurs joueurs du monde.

104. Bien qu'il ne porte pas le brassard de capitaine,

Mbappe a fait preuve de qualités de leadership sur et en

dehors du terrain, démontrant son engagement envers le travail d'équipe et son dévouement à son sport. Ses performances sur le terrain ont contribué à inspirer ses coéquipiers et lui ont valu le respect de ses pairs.

105. À l'avenir, il est probable que Mbappe aura l'opportunité d'être capitaine de l'équipe de France. En tant que joueur talentueux et accompli, il a le potentiel de mener son équipe vers un succès encore plus grand dans les compétitions internationales. Qu'il porte ou non le brassard de capitaine, Mbappe continuera sans aucun doute d'être un élément essentiel de l'équipe de France et un joueur clé pour les années à venir.

106. Kylian Mbappe et Zinedine Zidane ont un lien à travers leur amour commun pour le football et leur héritage français. Zidane, qui est largement considéré comme l'un des plus grands joueurs de football de tous les temps, a été une figure importante de la carrière de

Mbappe dès son plus jeune âge.

107.   Zidane a publiquement loué la capacité de Mbappe et

prédit de grandes choses pour le jeune attaquant. En fait,

Zidane a joué un rôle important dans le transfert de

Mbappe au Real Madrid si l'on en croit les rumeurs.

Mbappe a également exprimé son admiration pour

Zidane, le citant comme l'un de ses héros et une source

d'inspiration.

108.   Cependant, malgré le respect mutuel entre les deux

icônes du football français, ils n'ont pas travaillé

ensemble au niveau professionnel. Zidane a pris sa

retraite du football professionnel avant que Mbappe ne

commence sa carrière et, au moment de la rédaction de

cet article, Mbappe n'a jamais joué sous la direction de Zidane. Néanmoins, l'influence de Zidane et de Mbappe sur le football français ne peut être sous-estimée, et leur impact se poursuivra sans aucun doute dans les années à venir.

109. Kylian Mbappé est non seulement un footballeur talentueux, mais il est également impliqué dans diverses entreprises commerciales. L'un de ses principaux partenariats commerciaux est avec Nike, avec qui il a signé un contrat de quatre ans en 2018. Il a également travaillé avec d'autres grandes marques comme Hublot, EA Sports et Pepsi.

110. Mbappé est passionné par l'aide aux enfants

défavorisés dans son pays d'origine, la France, et a lancé une organisation caritative appelée "Inspired by KM". L'association a pour mission de favoriser l'accès à l'éducation, au sport et à la santé des enfants défavorisés. Mbappé a également été impliqué dans diverses autres initiatives caritatives, notamment en faisant don de ses gains de la Coupe du monde à une organisation caritative qui se concentre sur les enfants handicapés et hospitalisés.

111. En plus de ses entreprises commerciales et caritatives,

Mbappé se concentre également sur sa marque

personnelle. Il est actif sur les réseaux sociaux et compte

plus de 50 millions de followers entre Instagram et Twitter. Il a également sa propre marque "Kylian Mbappé Official", qui vend des marchandises comme des chemises, des chapeaux et des étuis de téléphone.

112. Mbappé est un homme d'affaires avisé qui utilise son influence et son succès pour redonner à sa communauté et avoir un impact positif sur et en dehors du terrain.

113. Kylian Mbappé a plusieurs sponsors et partenariats avec de grandes marques. L'un de ses principaux sponsors est Nike, avec qui il a signé un contrat de quatre ans en 2018. On le voit souvent porter leurs chaussures de football et participe à la conception de nouveaux produits.

114. Mbappé est également ambassadeur de la marque Hublot, horloger de luxe. Il a été vu portant leurs montres et a aidé à concevoir des éditions spéciales.

115. Il a également travaillé avec d'autres marques telles que EA Sports, Pepsi et le constructeur de voitures de luxe Ferrari. En 2018, il devient ambassadeur mondial de la marque de bagages Rimowa.

116. On estime que les parrainages et les parrainages de Mbappé lui rapportent environ 5 millions d'euros par an. Alors que sa carrière et sa popularité continuent de croître, il est probable qu'il attirera plus de sponsors à l'avenir.

117. Kylian Mbappé et le président français Emmanuel

Macron se sont rencontrés et ont échangé à plusieurs reprises, notamment sur des sujets liés au football et au sport en général.

118. En 2018, après que la France a remporté la Coupe du monde de football, Mbappé a été invité au palais de l'Élysée à Paris pour rencontrer le président Macron et le reste de l'équipe nationale. Au cours de la rencontre, Mbappé a été félicité par Macron pour sa performance pendant le tournoi, et les deux ont même partagé un moment ludique où Macron a dit en plaisantant à Mbappé qu'il devrait marquer des buts pour la France et non pour le Paris Saint-Germain, l'équipe du club de Mbappé.

119. En 2019, Mbappé et Macron se retrouvent, cette fois pour lancer la première « Agence nationale des sports », qui vise à promouvoir l'activité physique et le sport auprès des Français. Au cours de la cérémonie, Mbappé a parlé de l'importance du sport et de l'activité physique, en particulier pour les jeunes.

120. Les interactions de Mbappé et Macron démontrent l'importance du sport et du football en France, et la volonté de promouvoir l'activité physique et le bien-être chez les Français.

121. Kylian Mbappé a été un joueur clé de l'UEFA Champions League, notamment avec ses performances pour le Paris Saint-Germain.

122. Lors de la saison 2019-2020, Mbappé a aidé le PSG à atteindre la finale de la Ligue des champions pour la première fois de son histoire, marquant cinq buts en huitièmes de finale. Bien que le PSG ait finalement perdu contre le Bayern Munich en finale, les performances de Mbappé lui ont valu les éloges des fans et des analystes.

123. Mbappé a également bien performé lors de la saison actuelle de la Ligue des champions 2020-2021, marquant un triplé lors de la victoire 4-1 du PSG sur Barcelone en huitièmes de finale. Il a également marqué deux fois lors du match retour contre le Bayern Munich en quarts de finale, aidant Le PSG passe en demi-finale.

124. Les performances de Mbappé ont fait de lui l'un des

joueurs les plus remarquables de la Ligue des champions et ont aidé le PSG à devenir l'une des meilleures équipes d'Europe. Il sera un joueur clé à surveiller lors des prochaines demi-finales et potentiellement de la finale de la compétition.

125. Kylian Mbappé a toujours accordé une grande importance à son éducation et à ses réalisations académiques, alors même qu'il poursuivait sa carrière de footballeur professionnel. Il a fréquenté le prestigieux Prytanée National Militaire, une école militaire française qui privilégie l'excellence académique aux côtés de la formation sportive.

126. Dans des entretiens, Mbappé a parlé de la valeur de

l'éducation et a encouragé les jeunes à prioriser leurs études aux côtés de leurs passions. Il a déclaré que son expérience au Prytanée lui a appris la discipline et la valeur du travail acharné, ce qui l'a aidé à réussir sur et en dehors du terrain.

127. Mbappé a également été impliqué dans plusieurs initiatives philanthropiques axées sur l'éducation et l'aide aux jeunes défavorisés. En 2019, il a lancé le projet "Inspired by KM", qui offre des bourses et des opportunités aux jeunes de sa ville natale pour poursuivre leurs objectifs académiques et sportifs.

128. Kylian Mbappé sert de modèle aux jeunes qui aspirent à poursuivre leurs passions tout en priorisant leur

éducation et leur développement personnel.

129. Kylian Mbappe est connu pour avoir quelques passe-temps en dehors du football. En voici quelques uns:

a. **Jeux vidéo** : Mbappe est un joueur passionné de jeux vidéo, et il a partagé sur les réseaux sociaux qu'il aime jouer à la FIFA et à d'autres jeux populaires ;

b. **Musique** : Mbappe est un fan de musique et a été vu assister à des concerts et à des festivals de musique à travers l'Europe. Il aime aussi chanter et a montré ses talents vocaux dans quelques publications sur les réseaux sociaux.

c. **Basket-ball** : Mbappe est un fan de basket-ball et a

été aperçu en train d'assister à des matchs de la NBA

et de pratiquer ses compétences sur le terrain ;

d. **Voyager :** Mbappe aime voyager et est connu pour

prendre des vacances dans diverses destinations à

travers le monde. Il a visité des endroits comme

Dubaï, les États-Unis et le Maroc ;

e. **Travail caritatif :** Outre ses passe-temps en dehors

du terrain, Mbappe est également connu pour son

travail philanthropique. Il a soutenu diverses

organisations caritatives, dont le Secours populaire

français, une association caritative française qui

vient en aide aux personnes dans le besoin.

130. Kylian Mbappe a un large cercle d'amis, mais il a tendance à garder sa vie personnelle privée. Certains de ses amis proches dans l'industrie du football comprennent:

a. Achraf Hakimi, un joueur marocain ;

b. Neymar et Mbappe ont une grande amitié qui s'étend au-delà du terrain. Ils partagent une super cam araderie et publient souvent des photos ensemble sur les réseaux sociaux ;

c. Fresnel Kimpembe : Kimpembe est le coéquipier de Mbappe au Paris Saint-Germain et aussi l'un de ses amis les plus proches. Ils se connaissent depuis leur jeunesse au PSG et ont joué ensemble pour le club

et le pays;

d. Ousmane Dembele: Mbappe partage une bonne amitié avec son compatriote français Ousmane Dembele. Ils se connaissent depuis leur passage en équipes de France de jeunes et se fréquentent souvent en dehors des terrains ;

e. Antoine Griezmann : Griezmann et Mbappe sont des amis proches en dehors du terrain. Ils ont joué ensemble pour l'équipe nationale française et sont connus pour partager un rire ou deux pendant les matchs.;

f. Benjamin Mendy : Mbappe et Mendy sont amis depuis leurs jours à l'académie de Monaco. Ils partagent un lien étroit et passent souvent du temps ensemble en dehors du terrain.

Printed in Great Britain
by Amazon

28192339R00051